Enfield Libraries

Please remember that this item will attract overdue charges if not returned by the latest date stamped above. You may renew it in person, by telephone or by post quoting the bar code number and your library card number, or online at http://libraries.enfield.gov.uk.

www.enfield.gov.uk

ENFIELD Council

ECSLS131

Two Friends
Laba Saxiib

English-Somali

Author : LEILA HAKIM ELAHI
Illustrator : ALI MAFAKHERI

Elahi, Leila Hakim
Two Friends
Dual language children's book

Illustrator : Ali Mafakheri

Somali Translator : Mohammad Hassan

ISBN : 81-7650-278-2

Published in India for
STAR BOOKS
55, Warren Street,
London W1T 5NW (UK)
Email : indbooks@spduk.fsnet.co.uk

by
Star Publishers Distributors
New Delhi 110002 (India)

Peacock Series
First Edition : 2007

This book has been published in dual language format
under arrangement with Shabaviz Publishing Co., Iran

Printed at : Public Printing (Delhi) Service

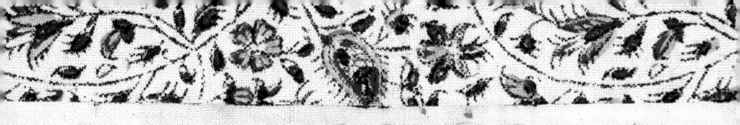

Once there were two friends, Cappy and Specky. Cappy always wore a red cap, and Specky always wore big, round glasses.

When all other children played out in the snow, both Cappy and Specky stayed inside their home.

Bari ayaa jiri jiray laba saaxiib Cappy iyo Specky. Cappy waxa uu mar walba xiran jiray. Koo fiyad cas Specky na wuxuu mar walba xiran jiray. Muraayado war wareegsan. Oo waa weyn. Marka ee caruurta kale ku ciyaaraayaan. Barafka labadoodaba Cappy iyo specky waxee joogi jireen gurigooda dhaxdiisa.

One day, Specky asked Cappy, "Why are you not wearing your cap today ? It is so beautiful."

Maalin ayaa Specky waxa uu weeydiiya Cappy. Maxaadan u xirneyn koofiyadaadii. Manta aad ayeey u qurux badantahay.

Cappy replied, "I don't like this cap. I look funny in it. When I wear it, the other children laugh at me. But if I go out without wearing it, I catch a cold and my face turns red. That is the reason I stay at home and don't go out to play."

Cappy wuxuu ku jawaabay. Majeeli koofiyadaas. Waxaa u'ekahay qaab daro marka aan xirto. Caruuraha kale ayaa igu qosla. Laakin hadii aan u baxo banaanka anoon xerneyn. Qabow ayaa igu dhaca wijigeegana. Wuxuu isku badalaa casaan sababtaas ayaa guriga. Lajoogaa uma baxo banaanka inaan kuciyaaro xitaa.

Then Cappy asked Specky, "Why are you not wearing your glasses today ? They are so pretty."

Specky replied, "I don't like my glasses. They are so big that I look silly in them. The kids make fun of me when I wear them. But without them, I cannot see clearly. So I prefer to stay at home and not go out."

Markaa kadib ayuu Cappy weydiiyay Specky. Maxaa dan u xiranen muraayadahaagii manta aad ayeey u qurux badanyihiin. Specky wuxuu ku jawaabay. Majeclli muraayadaheega aad ayee u waa weyn yihiin. Waxaanan u ekahay nacas. Marka aan xirto caruurta ayaa igu dacayaderiesa. Markaan xirto laak in la'aantood si fiican. Waxba uma arkaayo markaa waxaan doorbiday inaan guriga iska joogo oo aan meelna u bixin.

Cappy said, "I really want a pair of glasses like yours, so that I can look like a scientist. But my mother says only people with weak eyes wear glasses. You know what I did ? I stared at the sun, tried to read in dim light, and rubbed my eyes with dirty hands. With all that, my eyes itched and ached, but did not grow weak."

Cappy ayaa yiri waxaan rabaa muraayado oo kuwaaga oo kale ah. Waxaan u ekaan lahaa saynis yahan. Hooyadey ayaa igu tiraah waxaa xirata dadka indha daciifka ka ah. Waxa aan sameeyo miyaad ogtahay. Qoroxda ayaan kor u fiirshaa. Waxaan wax ku aqriyaa meel iftiinka ku yar. Yahay oo aan ku xoqaa. Indhaheegana gacmaheega oo wasaq. Ah intaas oo dhan indhaheegu. Waa ay cun cunaan laakin manoqdaan daciif.

"I pretended that I could not see clearly. My mother took me to the doctor, who made me read an alphabet chart. I read out every letter, and he realised that my eyes were perfectly all right."

Waxaan iska dhiga inaan si fiican wax u arag. Hooyadeey ayaa dhaqtar igeesay dhaqtarkaas. Oo yiraahda aqri qoraal oo ee ku qorontahay. Alfabetik waa aqriyaa eray kasta. Wuxuu xaqiiq sadaa. Dhaqtarku in aan caafimaad qabo.

"I borrowed my sister's sunglasses. I liked them very much. It made me feel like a scientist that I want to become when I grow up."

Waxaa kaqaataa walaasheey. Muraayadaheeda aad ayaan. U jeclahay waxa ay idareen siisaa. In aa ahay saynis yahan taas. Marka aan weynaado in aan noqdo.

Specky smiled, and said, "I would love to have a cap like yours, so that I can look like an astronaut. But my mother says caps are for those children who catch a cold easily. I can do anything to get a cap. So I bathed in cold water, threw my blanket aside at night, and even hugged my aunt who had flu. Yet, I did not catch a cold."

Specky ayaa qoslay oo yiri waxaan jeclahay. Koofiyadaada oo kale markaa kadib. Waxaa u ekaanaayaa culumada dayaxa laakin. Hooyadeeda ayaa igu tiraahdo koofiyada. Waxaa leh caruurta uu qabowgu ku dhaco si fudud. Waxaa sameyn karaa si kasta oo aan koofiyad kuheli karo. Waxaa ku meedhaa miyo qabow. Oo aan ku tuuraa bustaheeyga dhinac habeenkii. Oo aan isku nabaa eedadey. Oo hargab qabta laakiin qabow iguma dhaco.

"I groaned and pretended to sneeze, as if I had actually caught a cold. My mother took me to the doctor. He checked me, and understood that I was fine and had no illness."

Waxaan isku dayay oo aan iska dhigay. Inaan hindhisayo sidii oo hargab igu dhacay. Hooyadeey ayaa dhaqtar ii geesay. Wuxuu sameeyay baari taan. Wuxuu ogaaday inaan waxba qabi.

"My cousin lent me his cap, and I was very excited to wear it. I imagined myself to be an astronaut in that cap, flying into space in my rocket. I have always wanted to become an astronaut when I grow up."

Ina adeerkeey ayaa isiiyay koofiyad aad ayaan. Ugu farxay in aan xirto markii aan. Xirtayna waxaa iska soo qaaday in aa ahay. Culamada dayaxa inaa ku duulaayo. Dayax gacmeedkeega. Hawada sare waxaan wiligeey jeclahay. Markaan weynaado inaan noqdo culamada dayaxa.

19

They both sighed. They were sad that they
did not possess the thing they desperately wanted.

Labadoodii aragti ayaad ayee uga
xumaadeen. In ayna u fuleyn. Wixii eey
doonayeen.

After a while, they looked at each other and smiled.
They had thought of a great idea. Cappy gave his cap to
Specky, and in turn took Specky's glasses. Then they
looked into the mirror. Cappy felt like a real scientist in his
new glasses, while Specky thought he looked very nice as
an astronaut in his new cap. Now they were both happy.

Wax yar kadib wee is eegeen iyagoo ilka cadenaaya.
Waxee ku fikireen likrad aad. U weyn Cappy wuxuu
koofiyadiisii. Siiyay Specky sidoo kale. Wuxuu qaatay
muraayadahii Specky. Muraayada ayeey isku eegeen
Cappy. Wuxuu isku maleeyay in uu yahay. Sayniste
muraayadihiisa cusub Specky na. Wuxuu isku maleeyay
inuu yahay. Culimada dayaxa koofiyadiisa cusub.
Labadoodaba aad ayey u faraxsanaayeen.

Cappy began to draw a picture. But with the glasses on, everything appeared blurred to him. He drew a face with a nose on the forehead, and eyes near the mouth.

Cappy wuxuu bilaabay inuu wax sawiro laakin. Muraayadahii wax walba waxeey. Ugu ekaadeen labo. Isaga wuxuu sawiray wiji. Oo sanka kaga yaalo wijiga sare. Indhuhuna aay kaga yaalaan afka agtiisaa.

24

Specky picked up a ball, but when he threw it up in the air, he could not see where it went. He realised he was unable to see anything without his glasses, and the cap kept coming into his eyes.

Specky ayaa qaatay kubad markii. Uu kor ugu tuuro hawada ma uu arki karo kubada. Xagey lagtay wuxuu ogaaday. Inuunan waxba arki Karin muraayadihiisa la aantood. Koofiyadana waxee kusoo dul dhacaday indhihiisa.

25

They could neither play games, nor watch television as Specky could not see anything, and Cappy saw everything blurred.

Ma ayna ciyaari karin amaba daawan. Karin telefishinka Specky. Oo aan waxba arki karin iyo Cappy. Oo wax walba u arka labo.

Specky then suggested to Cappy, "Let's go out and make a snowman."

Cappy was reluctant. "I cannot go out because I will catch a cold without my cap. You too will not be able to see properly because you are not wearing your glasses." he said.

Specky wuxuu u soo jedshay Cappy. Namari waxaanu ku soo ciyaareenaa barafka.

Cappy ayaa si dagan u yiri banaanka. Uma bixi karo sababta. Oo ah qabow ayaa igu dhacaya. Koofiyadeeda la aantood. Adiga xitaa waxba si fiican u. Arki meysid sababta oo ah maxernid. Muraayadahaagii.

28

Once again, they sat down and sighed. Then they looked at each other, and burst out laughing. Cappy returned the glasses to Specky, and Specky gave back the cap to him.

Mar labaad wee wada fadhiisteen. Oo ay fikireen wee is fiir sheen qosol. Iyagoo la dhacay Cappy wuxuu. U soo celiyay Specky. Muraayadihiisii Specky na wuxuu u celiyay. Doofiyadiisii Cappy.

They stood in front of the mirror, and realised that they both looked good as they were Cappy with his red cap, and Specky with his big, round glasses. That was their true identity.

Muraayada horteda ayey. Istaageen waxeeyna. Xaqiiqsadeen. In labadoodaba ay ku fiican yihiin side ay yihiin. Cappy koofiyadiisa caseed Specky. Na muraayadihiisii waa weenaa. Ee war wareegsanaa taasii waa aqoonsigooda dhabta ah.

They no longer felt awkward. Now they found themselves as normal as the other children. They had understood that it is better to be one's true self, than to imitate someone else.

Mar danbe meena u dareemin inee. Qaab daran yihiin waxey u dareemeen. Ineey caadi yihiin side caruuraha kale weyna fahmeen in. Ee fiican tahay inee ahaadaan. Nafsadooda inta ee isku matali lahaayeen qofkale.